SCHMETTERLINGSFLÜGEL UND LÖWENPRANKE

OM C. Parkin

OM C. Parkin
SCHMETTERLINGSFLÜGEL UND LÖWENPRANKE
Unterweisungen eines modernen Zen-Lehrers
für jeden Tag des Jahres

Originalausgabe:

1. Auflage 2023

advaitaMedia – Weisheit aus der Stille
Am Gutspark 1, D-23996 Saunstorf
info@advaitamedia.com
www.advaitamedia.com

Lektorat: Dr. Rüdiger Porep
Layout-Konzeption: Tana Wilde
Grafik und Satz: Katja Dorow-Schwart
Bildauswahl: Muni Konradi
Foto Oktober: © Vincent van Zeijst, Elbe / Wikimedia Commons
Druck und Verarbeitung: CPI Moravia Books s.r.o., Pohořelice

Die Herausgabe dieses Buches wurde durch eine Zuwendung von
Alexander Meyer-Kretschmer ermöglicht.

Bibliografische Information der Deutschen Nationalbibliothek.
Die Deutsche Nationalbibliothek verzeichnet diese
Publikation in der Deutschen Nationalbibliografie;
detaillierte bibliografische Daten sind im Internet über
http://dnb.d-nb.de abrufbar.

ISBN 978-3-936718-71-3

Om C. Parkin

Schmetterlingsflügel und Löwenpranke

Unterweisungen eines modernen Zen-Lehrers für jeden Tag des Jahres

advaita media

VORWORt

Fast zwanzig Jahre lang, Jahr für Jahr, Tag für Tag, Seite um Seite und Schritt für Schritt hat die 2004 (2. Aufl. 2018) erschienene Aphorismensammlung „Donnerschlag und Tempelstille – Unterweisungen eines modernen Zen-Lehrers für jeden Tag des Jahres" Menschen des inneren Weges, besonders auch Schüler von OM C. Parkin auf der Suche nach sich selbst – dem Selbst – begleitet. Während sie das Buch all diese Jahre täglich aufgeschlagen haben, um sich für den Tag inspirieren zu lassen, wurde der Wunsch nach einem frischen Jahresbegleiter, der mit neuen Worten der Weisheit einen neuen Bogen durch das Jahr spannen würde, immer stärker. Warum sich jedes Jahr neu auf die gleichen 365 Zitate beschränken, auch wenn sie heute noch genauso aktuell und zeitlos wahr sind wie damals, wo OM doch die Gabe hat, zu so vielen, nein, eigentlich zu allen wesentlichen Themen mit wenigen Worten den Nagel auf den Kopf zu treffen, den Leser jäh aus seinem alltäglichen Gedankenstrom zu reißen und ihn in die Leere, in die Stille fallen zu lassen.

Nachdem der Ruf ergangen war, machte sich eine Schar von Schülern daran, weitere Lehrsätze zusammenzutragen, Zitate aus den unterschiedlichsten Quellen, aus OMs Büchern, aus Mitschriften von Lehreinheiten in der Mysterienschule, aus Transkriptionen von Darshans und Vorträgen. Aus der schier unendlichen Fülle des Materials formte sich in vielen Arbeitsschritten des Ordnens und Auswählens mit OM als Impulsgeber die neue Aphorismensammlung, dieser neue Jahresbegleiter. Während das Buch langsam Gestalt annahm, zeigte sich, dass hier nicht einfach Band 2 von „Donnerschlag und Tempelstille“ entstehen würde, sondern ein eigenständiges Werk mit eigenem thematischem Fokus und eigener innerer Ordnung, auch wenn es der gleichen äußeren Ordnung folgt – der Einteilung in Monate mit einem Zitat für jeden Tag des Jahres – und dem gleichen Ziel der spirituellen Unterweisung dient, die auch hier wieder in ihrer Kürze, ihrer Schärfe und Prägnanz dem Schlag eines Zen-Meisters gleicht. Es kristallisierten sich innerhalb der Zitate Gegensatzpaare heraus, die sich den Monaten zuordnen ließen, die den paradoxen Weg und, im Jahresgang immer stärker, den Vereinigungsweg, der alle Gegensätze auflöst, aufscheinen lassen. Dank des kreativen Arbeitseinsatzes einer Vielzahl von OMs Schülern liegt nun dem interessierten Nutzer das Geschenk eines neuen Juwels der Weisheitsliteratur vor – eine inspirierende spirituelle Unterweisung für jeden Tag.

Anama Frühling
Saunstorf im November 2022

INHALT

Vorwort 4

Einführung 7

365 Unterweisungen im Jahreskreis 15–396

Über den Autor 398

Einführung

In diesem neuen Aphorismenband wird der Leser jeden Tag des Jahres mit einer kurzen, auf die Essenz hin verdichteten Wahrheit konfrontiert, die wie der plötzliche Schlag eines Zen-Meisters aus der inneren Abwesenheit, dem Eingeschlafensein in gewohnten Denkmustern, aufrüttelt und nicht selten auch schockiert. So hart und unerbittlich manche Wahrheit, mancher Schlag auch erscheinen mag, er wird aus Liebe gegen die Unwahrheit geführt. *„Der Zorn ist das Schwert der Liebe"* sagt OM C. Parkin und fügt in einem weiteren Aphorismus hinzu, dass die Barmherzigkeit der Liebe der Unbarmherzigkeit der Wahrheit bedarf, um das Leiden beenden zu können. Denn die Liebe, von der und aus der heraus die Meister sprechen, ist viel umfassender als das, was wir gewöhnlich meinen, wenn wir von Liebe sprechen. Es ist eine unpersönliche, eine *über*persönliche Liebe, die zwar Gefühle beinhalten kann, aber die selbst kein Gefühl ist, die alles umfasst, wie die Sonne ohne Unterschied auf alles scheint. Sie kann von sanfter, zärtlicher Wärme sein oder auch von der vernichtenden Glut heiligen Zornes, gleich dem Zorn Jesu, als er die Wechsler aus dem Tempel vertrieb. Der Weg verlangt vom Schüler, gleichermaßen *„bereit zu sein für die Freundlichkeit der Liebe und die Unfreundlichkeit der Wahrheit"*.

Der Zen-Schüler weiß um die Liebe des Meisters. Und so nimmt er die Lehre dankbar an, die ihn mal sanft, mal unsanft in die Berührung mit dem Sein zurückführt. Er erkennt, dass er nicht hier, nicht anwesend war, fühlt, was zu fühlen ist und sitzt damit in stiller Meditation. In dieser Qualität kann der Leser den vorliegenden zeitgenössischen Weisheiten der stillen Tradition begegnen. Er kann erfahren, was der Lehrer, der den Zen-Schüler aus seinen Gedanken, aus seinen Träumen in das Hier und Jetzt der Realität holt, bewirkt: die Zerstörung der Illusion. *„Aus der Traum."* Was bleibt ist Leere, ist Stille. Die Unterweisungen kommen aus der Stille und führen in die Stille, wie derjenige, durch den ihre Wahrheit übermittelt wird: OM C. Parkin erwachte im Zusammensein mit seinem Guru in das unpersönliche Bewusstsein einer Wirklichkeit, die frei ist von Illusion – das SEIN. Auch mit diesem Aphorismenband begleitet er den Wahrheitssucher wieder von Tag zu Tag, führt ihn tiefer in das Erkennen und lädt ihn ein, mit ihm in die Stille einzukehren und durch die Illusion des Ichs hindurch in die Leere des SEINs zu schauen. Die tägliche Unterweisung macht es zu einem Buch für den ALLtag, der das Gewöhnliche und das Ungewöhnliche des Menschseins in sich vereint. In Übereinstimmung mit dem Jahreskreis entfaltet sich ein 365-tägiger Bogen vom ersten Schritt auf dem Weg, dem Erkennen der Widersprüche des Geistès, in die der Suchende verstrickt ist, bis hin zu deren Auflösung in der Einheit/Nondualität jenseits des denkenden Geistes.

Am Anfang des inneren Weges steht wie bei jedem anderen Weg der erste Schritt, der jedoch auf dem inneren Weg schwerwiegende Konsequenzen hat: *„Dieser Schritt* *wird die Welt verändern. Er wird sie umkehren, auflösen und schließlich neu zusammensetzen. Nichts wird mehr so sein, wie es war.*" Dieses Versprechen steht zu Beginn dieser neuen Sammlung von Unterweisungen für jeden Tag des Jahres. Dem ersten Schritt folgen weitere Schritte, die sich schließlich in einen Fall wandeln, einen Fall in die Stille, in die Leere. So endet die Sammlung am letzten Tag des Jahres symbolisch leer. Der Weg führt durch die Paradoxien, die scheinbar unlösbaren und Leiden schaffenden Widersprüche des Geistes, immer tiefer bis zu deren letztendlicher Auflösung, wie es in der Vereinigungslehre aufgezeigt wird. Er führt durch Gegensätze, die sich in den kleinen Hochzeiten auflösen und in die Große Hochzeit*, die Vereinigung aller Gegensätze, münden.

OM C. Parkin trifft mit seiner kristallklaren, präzisen Sprache mitten ins Herz des Wahrheitssuchenden und bringt ihn mit seiner tiefen Sehnsucht nach Erkenntnis und Freiheit in Kontakt. Radikal, einfach, klar und liebevoll deuten die Aphorismen, die alle unmittelbar der Quelle, der Stille, dem unberührten SEIN entspringen, auf das, was jenseits aller Gegensätze IST.

* Große Hochzeit (Synonyme: die tantrische Vermählung, das Große Tantra, die unio mystica): das realisierte Einssein Gottes mit der gesamten relativen Welt der Erscheinungen. In den buddhistischen Schriften heißt es: Nur Buddha existiert. Die Welt ist eine Illusion. Buddha und die Welt sind eins. Vgl. OM C. Parkin, Intelligenz des Erwachens – Die spirituelle Neugeburt des Menschen, 3. Aufl., advaitaMedia 2019, S. 283

Sie begleiten den Leser in die tiefe Erforschung seiner Selbst. Mancher Satz wirkt wie das Schwert eines Zen-Meisters: Er dient der unmittelbaren Zerstörung eines alten Denk-Konstruktes und setzt jähe Erkenntnis frei. Der Schlaf der Gewohnheit – der kollektive Strom der Gedanken – wird unvermittelt und plötzlich beendet und wandelt sich in Bewusstheit. Andere Sätze nähren die zarte Annäherung an Wahrheit und Liebe und laden den Leser und Sucher ein, sich vollkommen der Intimität des Seins hinzugeben. Und wieder andere widmen sich der direkten Selbsterforschung mit der Frage „Wer bin ich jenseits aller Widersprüche?".

In den letzten beiden Jahrzehnten sind viele neue Werke von OM C. Parkin erschienen, darunter auch „Wenn Stille spricht", nicht ein Aphorismenbuch, sondern ein Kartenset, aus dem man täglich ein Zitat ziehen kann zur Einstimmung auf den Tag oder anlässlich einer Situation, die eines klärenden Wortes der Weisheit bedarf; vor allem aber das große Lehrbuch des inneren Weges „Intelligenz des Erwachens – Die spirituelle Neugeburt des Menschen" (3. aktualisierte und erweiterte Aufl. 2019) und die Trilogie zu den drei Geistesgiften Angst, Zorn und unerfüllte Liebe, drei komplexe geistig-emotionale Welten, gleich einer persönlichen Blase, die den Menschen ins Leiden stürzen, weil sie allesamt von der Realität wegführen. In allen seinen Büchern, auch denen, die hier nicht genannt sind, deckt OM im Gespräch mit Schülern die Lügen des Geistes, die Hirn-Gespinste, die für die Irrungen und Wirrungen menschlicher Existenz verantwortlich sind, Schritt für Schritt auf und führt sie ad absurdum. Sie alle sind, wie auch dieses neue Aphorismenbuch, auf ihre jeweilige Art Wegweiser in die Freiheit vom Leiden, das durch konditionierte, das heißt fixierte, verfestigte und daher der Realität des Augenblicks nicht angepasste Sicht- und Verhaltensweisen des Ich-Geistes entsteht.

Die Arbeit mit diesem Buch

Um den größtmöglichen Nutzen aus dieser Sammlung von Unterweisungen zu ziehen, bedarf es der Bereitschaft, sich darauf einzulassen. So wie der Zen-Schüler nicht weiß, ob der Meister ihm im nächsten Moment einen Schlag versetzen wird oder die Stille ihn süß umfängt, weiß der Leser nicht, was ihn als nächstes erwartet.

Getreu dem Koan „Der Weg ist das Ziel" schlagen wir dem Nutzer dieses Buches vor, den Weg mittels dieses Buches zu beschreiten und sich von Tag zu Tag in die Tiefen seiner Selbst führen zu lassen – ohne in den Tagen vorzugreifen und ohne am Vergangenen festzuhalten. Unterstützen kann diesen Prozess ein täglich wiederkehrendes Ritual in Form des Lesens des jeweiligen Textes zur gleichen Tageszeit. Eine gute Zeit sich zu vertiefen sind die abendlichen oder morgendlichen Momente, in denen der Tagesablauf zu Ende kommt oder gerade geboren wird.

Bewährt hat sich zur Selbsterforschung das Praktizieren und Verweilen am selben Ort – an einem Ort der Stille, der zur Meditation, Kontemplation und Versenkung einlädt. Für den einen oder anderen kann Schreiben und das Führen eines Tagebuchs hilfreich sein. Die gleichmäßige, alltägliche Praxis führt den Leser in eine innere Disziplin der Selbsterforschung. In stiller Meditation und Vertiefung in die Worte geschieht Berührung – mal sanft, mal heftig, doch immer wahrhaftig. Die Worte werden dann nicht vom denkenden Geist intellektuell erfasst, nicht von ihm mit Zustimmung oder Ablehnung kommentiert und nicht konsumiert, um Berührung zu vermeiden. Sie werden empfangen im stillen Herzen.

Mögen diese Worte der Weisheit in der täglichen Begegnung ihre Wirkung tun!

Anama Frühling

Die Leere allen Seins
ist das Zen des Fleisches.
Die Liebe ist
die Fülle der Leere,
das Fleisch des Zen.

OM C. Parkin

JANUAR

DIE KUNST DES INNEREN FALLS

Der Suchende
setzt den ersten Schritt
auf den inneren Weg.
Dieser Schritt
wird die Welt verändern.
Er wird sie umkehren,
auflösen und schließlich
neu zusammensetzen.
Nichts wird mehr so sein,
wie es war.

Während der
zunehmenden Reifung
durch das Gehen
des inneren Weges
löst sich die Gegnerschaft,
diese ständige innere
Polarisierung
mehr und mehr auf,
und die Gegensätze,
die durch das Denken
künstlich auseinander-
gehalten wurden,
beginnen wieder
ineinander zu strömen.

Wäre ein Mensch
an nichts verhaftet,
gäbe es kein Leiden.

Der Geist im Menschen
neigt grundsätzlich dazu,
sich im Bekannten aufzuhalten,
egal wie leidvoll es ist.

Dein inneres Halten
ist das Halten der Begrenztheit,
in der du lebst.

Was treibt dich
in Ersatzwelten?
Wozu Ersatzbefriedigungen?
Was musst du ersetzen?

Du findest wahren Halt
nirgendwo anders als in der
Haltlosigkeit.

Der Schwindelige
taumelt bloß, aber fällt nicht.
Warum taumelst du
und fällst nicht?

Dein wirklicher Halt
ist an einem Ort, der keinerlei
materielle Substanz hat,
der mit den Sinnen nicht
erfasst werden kann.
Nur der innere Fall selbst
kann ihn erfassen.

Die Herrschsucht des Ichs will
den Großen Fluss beherrschen.

Wenn du an wirklicher
Freiheit interessiert bist,
dann musst du dafür deine
Freiheit aufgeben.
Das ist eine der großen
Paradoxien des Weges.

Alles fließt, alles wandelt sich,
nur das Ich will stehenbleiben.

Wenn das Leben
ewiger Wandel ist,
so muss es aus einem Spiel
mindestens zweier
polarer Kräfte bestehen, die
sich ständig ineinander
wandeln können.

Es gibt nur eine einzige Angst.
Die Angst vor dem Fallen ist
auch die Angst vor dem Tod.

15 Januar

Ich sage nicht: Stell dich in einen Elfenbeinturm und beobachte den Strom, wie er vorbeifließt. Ich sage: Spring bewusst mitten hinein.

Es ist eigentlich sehr einfach.
Du hörst auf zu kämpfen,
du hörst auf zu flüchten.
Dann kommt alles, was du dir
vom Leibe halten wolltest,
auf dich zu und kommt dir so
nah, dass du sehen kannst,
was es wirklich ist.

Ein innerer Fall
kann nicht anders als den
direkten Weg zu nehmen.
Und der direkte Weg
ist immer der Weg, der in
die Seele führt.

Kein Tun dieses Ichs
kann den inneren
Fall auslösen.
Aber das Tun kann
darin bestehen,
heranzutreten
und es zu unterlassen,
wieder wegzutreten.
So wird er möglich.

Der Geist sagt: Wenn du
fällst, verlierst du alles.
Du willst nicht verlieren,
deswegen willst du nicht fallen.
Doch dieser Verlust könnte in
Wahrheit dein Gewinn sein.

Wir haben Angst,
immer wieder Angst vor
den Abgründen
unserer Selbst.
Aber Abgrund bedeutet
auch Tiefe,
die Tiefe unserer Selbst.

Wir fallen in
diesem Augenblick
durch alles hindurch,
indem wir anhalten
und still werden.

Bewusstes Scheitern
führt in Hingabe.

Der innere Fall
geschieht manchmal
langsam und
unmerklich.
Es braucht große,
innere Feinheit,
um ihn überhaupt
zu bemerken.

Die wahre,
die persönliche Welt des
Ichs transformierende
Spiritualität beginnt dort,
wo die Lehre und das
Denken des Ich-Geistes
an ihre Grenzen stoßen.

Wir brauchen die
körperliche Inkarnation,
um aufzusteigen. Somit
ist sie nicht abzulehnen,
sie ist vielmehr eine
Notwendigkeit, sie ist
die Basis des geistigen
Aufstiegsweges.

Wenn die sexuelle Kraft
im untersten Zentrum
blockiert wird, ist ihr
natürlicher Aufstieg und ihr
Verfeinerungsprozess im
Herzzentrum verhindert.

Die Fürsorge für die Seele
mag die Fürsorge für
den Körper enthalten,
nicht jedoch umgekehrt.

Integration erfordert
keine Kontrolle.
Nicht-Integration sehr wohl.

Die höchste Kunst ist es,
diesen vereinigten Zustand
in der geistigen Welt zu
finden, in dem Anspannung
und Entspannung
gemeinsam präsent sind.

Materie und Geist
beschreiben verschiedene
energetische Sphären mit
unterschiedlichen Dichtegraden,
die sich auseinanderfalten
und wieder ineinanderfalten.

Entspanne dich
immer tiefer
in dich selbst.
Und wenn dieser
Griff nach außen
wiederkehrt,
erinnere dich.
Dann lässt du
dich fallen
und wirst still.

Februar

Hingabe ist der Schlüssel

Wer nicht nehmen kann,
kann auch nicht geben.

Vor dem bewussten
Vergessen
steht das bewusste
In-Besitz-Nehmen.

03 | Februar

Jeder Schüler
bekommt das gelehrt,
was sein Gefäß
aufnehmen kann.

Wenn wir nicht die Strenge der
Wahrheit genauso nehmen
wie die Großzügigkeit der Liebe,
dann sind wir noch nicht bereit,
einen Weg zu gehen, der uns
wirklich zeigt, was IST.

Wenn wir unsere
leidvolle Anhaftung
an bequeme Wege
bereit sind, aufzugeben,
dann lernen wir die
Unbequemlichkeiten
des Erwachensweges
zu schätzen.

Wer nur das Dunkle nimmt,
hat wenig Freude im Leben.
Wer nur das Helle nimmt, lebt
in oberflächlichem Dasein.

Nimm alles.
Nimm das Helle,
nimm das Dunkle.
Nur so wird dir
die Transparenz zuteil,
welche das Licht
des Jenseits
ins Bewusstsein
dringen lässt.

Werde eins mit dem,
womit du nichts
zu tun haben willst.

Das nehmen, was meins ist,
und das loslassen,
was nicht meins ist.
Das ist die innere Kunst.

Wenn ich das, was meins
ist, wirklich nehme,
dann könnte es sein, dass
es sich gänzlich auflöst.
Nur kann ich es nicht wissen,
bevor ich es genommen habe.

Auf dem weiblichen Weg
wird alles vollkommen
angenommen als das Eine.
Auf dem männlichen Weg
wird alles vollkommen
zurückgewiesen als das
Nicht-Eine.
Der weibliche und der
männliche Weg sind eins.

Was wäre, wenn du
vollständig gewollt bist
und die Verweigerung,
dich nehmen zu lassen,
ausschließlich
in dir selbst ist?

Du suchst genau diesen
Moment, in dem es kein
Entrinnen mehr gibt,
keine Möglichkeit,
Widerstand zu leisten.
Dann geschieht Hingabe.

Willst du wirklich an
der Evolution teilnehmen,
so gib das Ich hin.

In dir ist das Potenzial,
alles in einem einzigen
Augenblick aufzugeben.

Die Menschen
finden die
Unschuld nicht,
weil sie
nicht bereit sind,
sich für
einen Moment
vollständig
der Schuld
hinzugeben.

17 Februar

Gib alles
und du bekommst alles.
Zurückhaltung
erzeugt Mangel.

Das, was wir anderen
nicht geben wollen,
ist immer das,
was wir uns selbst
nicht gönnen.

Hingabe ist der Schlüssel.
Sie öffnet die Tore
für die Kraft des Todes.

Hingabe ist
ohne Nutznießer.

Auf dem inneren Weg
zu lernen bedeutet, aufzugeben
sich zu schützen.

Säen ist Macht.
Ackern ist Macht.
Ernten ist die
Hingabe von Macht.
Auf dem inneren Weg
ernten viele Menschen
nicht, um die Macht
nicht zu verlieren.

Die weibliche Seele
ist verbindend und
aufnehmend in ihrer
natürlichen Sanftheit.
Sie spricht: So sei es.

Wer hat dich
Abwehr gelehrt?
Der innere Lehrer
gibt dir das Signal,
auch das Unangenehme
anzunehmen, anstatt es
durch das begrenzte
Urteilsvermögen
des denkenden Geistes
abzuwehren.

Es kostet manchmal
mehr Mut, den Kampf
aufzugeben, als
weiterzukämpfen.

Gewöhnliche Menschen
suchen nach
Glück durch Erfüllung.
Nur sehr wenige erkennen,
dass wahres Glück
nur durch Entleerung
möglich ist.

Wenn wir alles geben,
dann sind wir bereit, dass
uns alles genommen wird.
Es ist ein Zustand,
der offen ist für den Tod,
offen für das Leben,
offen für die Liebe,
offen für die Wahrheit.
Offen für alles.

Wenn der Tod
den Körper nimmt,
nimmt er das Leiden
nur vorübergehend.
Wenn er den Geist nimmt,
nimmt er das Leiden
einmal und für immer.

Hingabe
macht das
Über-Ich
überflüssig.
Was bleibt,
ist Stille.

märz

kraft und demut

Wenn niemand
die Kraft an sich
reißen würde,
dann würde die
Kraft zunehmen
und die Gewalt
abnehmen.

Arroganz
ist das Leben von
geliehener Kraft,
welche dir niemand
geliehen hat.

Ohnmacht ist im
gewöhnlichen Menschen
nichts anderes als
erzwungene Kapitulation
und verhinderter
Machtanspruch.

Ohnmacht ist nur
der Schatten der Macht
und niemals ohne
Machtanspruch.

Macht ist weder gut
noch schlecht.
Wem oder was dient sie?
Im Dienste des Selbst
ist sie eine ganz
natürliche Seinsform.

Es gibt keine bösen Kräfte
in diesem Kosmos,
es gibt nur Kräfte in den
falschen Händen.

Durch einen wahren Lehrer
wirkt auch die Kraft Shivas,
eine zerstörerische Kraft,
welche nicht Leben vernichtet
oder Liebe, sondern
Falschheit und Illusion.

Die uns fehlende Kraft ist
dort gebunden, wo
wir nicht hinsehen und
nicht hinfühlen wollen.

Wir kämpfen selten
eigene Kämpfe.
Wir fechten Dinge aus,
die uns aufgetragen
worden sind, vom Partner,
von den Eltern,
von den Ahnen,
von der Gesellschaft,
von der Kirche.

Dein denkender Geist
kann sich nicht
vor Gegnern im
Außen schützen,
weil diese Gegner in
ihm selbst sind.

Der Geist übt Gewalt
aus, er will zerstören,
dem Tod zuvorkommen,
um nicht selbst getötet
zu werden.

Jeder ursprüngliche Impuls
kommt nicht von dir,
sondern von der Kraft.
Wird es unbequem und
bist du zu feige, diesem
Impuls zu folgen,
verrätst du die Kraft und
schwächst die Seele.

Deine Schwäche ist
die Folge einer Nahrung
durch falsche Stärke.
Wer sich lange von
falscher Stärke ernährt hat,
der wird früher oder
später in große
Schwäche fallen.

Wie kommt es, dass
diejenigen, welche die
Schwäche bekämpfen,
die Kraft nicht finden?
Während diejenigen, denen
wissend sehr viel mehr Kraft
zur Verfügung steht,
diejenigen sind, die
durch das Tal der Schwäche
gegangen sind.

Der Fluss der Kraft
folgt heiligen Regeln.
Erkenntnis geschieht
im Mitfließen.

Wenn wir nicht mehr
den Weg der
Ausblendung
gehen, sondern
wenn wir einen
offenen Geisteszustand
erlangen, in dem
alles erlaubt ist,
was da ist,
dann stellt sich
innere Harmonie
von selbst ein.

Die Kraft braucht
keine Sicherheit.

Die Erkenntnis
des Seins jenseits von
Opfer und Täter
geht nur über den Täter.

Wenn zerstörerische Kraft
nicht zugelassen wird,
dann bedeutet das erstens,
dass nicht zerstört werden kann,
was zerstört werden muss, um
frei zu sein und es bedeutet
zweitens, dass sie in Folge Kanäle
nimmt, die unsauber sind.

Wer sich
dem Feuer nähert,
der nähert sich
auch der Versuchung
von Gewalt.
Erst in der stillen
Herzensglut
erwartet ihn die
transformierende
Kraft der Liebe.

Es ist für den
denkenden Geist
nicht zu verstehen,
dass es ausgerechnet
diese zerstörerische
Kraft ist, die wahres,
pulsierendes Leben
generiert.

Gewalt, falsche Kraft,
ist ein inneres Unkraut
und sollte samt ihren
falschen Wurzeln
herausgezogen werden.
Was dann bleibt,
ist die Kraft der Seele.

Der Weg der Kraft
ist der Weg der
Wandlung von
Schwäche in Stärke
und von
Stärke in Schwäche.

In jeder noch so
negativ bewerteten
inneren Kraft
gibt es einen
reinen Quell.
Wir finden diesen
reinen Quell nur,
indem wir ins
Innerste der Kraft
vorstoßen.
Dieser Vorstoß
braucht radikale
Verinnerlichung.

Konzentration
ist die vollkommene
Fokussierung oder
die Fähigkeit, das
Bewusstsein auf einen
einzigen Punkt
zu verdichten.
Darin liegt unbedingte
Entschlossenheit und
Rücksichtslosigkeit
gegenüber allem
Belanglosen und
Oberflächlichen.

Tatsächlich gibt es
eine zu weckende Kraft
in jedem Menschen,
die ihn dazu befähigt,
der sich zwangsläufig
fortsetzenden
Wiederholung des Alten
die Nahrung
zu entziehen.

Der Aufstieg,
die Selbstentfaltung und
Selbsttranszendenz der Seele
geschieht ganz von selbst.
Das Streben nach dem Höchsten
ist in Wirklichkeit ein
Aus-dem-Weg-räumen
von Hindernissen.

Wahre Urteilskraft
wirkt nur in
äußerster Demut.

Die Programmierung des alten Ichs setzt sich nicht von selbst fort. Vielmehr ernährt sie sich in diesem Moment durch die Kraft deiner Aufmerksamkeit.

Innere Kraft
erwächst aus der
Vereinigung mit
Dem-Was-Ist.

Die Essenz
der Kraft ist das reine
Bewusstsein.

april

allein und vollkommen zusammen

01 April

Es gibt eine
einzige Beziehung, die
wirklich existiert,
und das ist die Beziehung
zwischen dir
und dem SELBST:
eine beziehungslose
Beziehung.

Bestimmte Teile aus
dem denkenden Geist,
diesem falschen Ich,
werden abgespalten,
projiziert und
erscheinen als Außen.
Das Ich nennt es dann
meine Beziehung.

Was ist Beziehung?
Es ist die erfolglose
Rettung des Ichs
vor dem Alleinsein.

Dieses Ich, das angebliche Subjekt, spinnt sein Spinnennetz aus und hat Beziehungen zu selbsterschaffenen Objekten. Die Gesamtheit dieser Objekte nennt es „die Welt“.

Zur Liebe
kannst du keine
Beziehung haben,
Liebe kannst du
nur sein.

Erst baut das Ich
durch das Konzept
von Beziehung
Distanz auf, und
dann versucht es,
durch das Konzept
von Nähe diese
künstlich geschaffene
Distanz wieder
zu überwinden.

Menschlichkeit,
Mitgefühl,
menschliche Liebe,
das ist das höchste
Entwicklungspotenzial
und gleichsam
die Grenze des Seins
in der Blutsfamilie.
Sie entstammt der
Physiosphäre und
kann folglich nicht
der Befreiung
der Seele dienen.

Die Blutsfamilie dient
dem physischen Überleben
und der emotionalen
Geborgenheit des Ichs.
Das Erwachen des Menschen
zu sich selbst
verlangt nach der geistigen
Familie, der Sangha.

Eine Mutter, die
von ihrem Kind
geliebt werden will,
ist selbst
noch ein Kind.

Die innere Mutter
ist erst dann
verwirklicht,
wenn sie das,
was sie geboren hat,
auch wieder
sterben lässt.

Die menschliche Liebe
zwischen Mann und Frau
muss menschlich sein,
das heißt, der Mann meint die
Frau und keine Göttin,
und die Frau meint den Mann
und keinen Gott.
Und dieses Zusammentreffen
in menschlicher Liebe
kann dann die göttliche Liebe
im Mann und in der Frau
zwar nicht ersetzen,
aber es kann sie wecken.

Die allermeisten Hochzeiten
zwischen Mann und Frau
geschehen nicht aus reiner Liebe,
sondern aus unerfüllten
Wünschen des Egos.

Aus Sichtweise des
inneren Weges
sind Liebespartner
spirituelle Weggefährten,
die sich auf dem
inneren Weg
liebend begleiten.

Kaum ein Mensch hat eine
wirkliche Vorstellung davon,
dass Liebe zu einem
anderen Menschen damit
zu tun haben könnte,
nicht zu ihm hin zu gehen,
sondern bei sich selbst zu
bleiben und auf diese Weise
die Liebe zu gewahren,
die im anderen Menschen
nur gespiegelt wird.

Notwendig zur Bewahrung
der Liebe zwischen
Mann und Frau ist, dass
jeder von beiden bereit ist,
vollkommen allein zu sein.

Die Verwirklichung
des Alleinseins wird
durch eine Berührung mit
männlichen Urkräften
der Seele erlangt,
während vollständiges
Zusammensein, das
Einssein mit anderen
Menschen, aus der
Berührung mit der
weiblichen Urseele fließt.
Alleinsein bedeutet
"allein mit Gott" und
Zusammensein bedeutet
"zusammen mit Allem".

Was bedeutet
inneres Alleinsein?
Du bist bereit,
dich der Liebe im
Innen zuzuwenden,
anstatt im Außen.
Und du bist
jederzeit bereit dafür,
vom Außen
verlassen zu werden.

Wenn du die Lebenskraft
dafür aufwendest,
dich der Herde anzupassen,
oder gegen die Herde
zu rebellieren, oder wenn
du deine Lebenskraft
dafür aufbrauchst,
Beziehungen zu
Partnern zu suchen,
dann wundere dich nicht,
dass sie nicht mehr
für deine tiefste
Herzensangelegenheit
zur Verfügung steht.

Der innere Weg
lehrt dich ein
radikales Konzept
von Alleinsein.
Alleinsein
ist ein Konzept,
das erst ein
erwachsener Mensch
wirklich verstehen
kann, weil Alleinsein
bedeutet, dass
alle Projektionen
aus der geistigen Welt
zurückfließen
nach innen.

Mann und Frau
können sich
nur dann
wirklich lieben,
wenn sie
sich nicht mehr
brauchen.

Die Sangha,
bestehend aus
Weggefährten mit sehr
unterschiedlichen
Reifegraden,
besitzt dennoch eine
erstaunlich intuitive
Wahrnehmung für
Wahrhaftigkeit bzw.
Unwahrhaftigkeit.
Darauf kann sich
jeder Schüler des
inneren Weges
verlassen.

Eine Begegnung mit dem
Guru ist eine Begegnung
mit dem SELBST,
und eine Begegnung mit dem
SELBST ist nur möglich,
wenn ein Mensch jede andere
Ausrichtung, jede andere
Beziehung, jede andere
Anhaftung zurücklässt,
sodass nur noch du und Gott,
nur noch du und das SELBST,
nur noch du und DAS existieren.
Das ist Alleinsein.
Nicht Einsamkeit, sondern
Alleinsein, gegründet im SELBST.

Die Liebesbeziehung
zu einem inneren Lehrer
berührt Schichten der Seele,
die im Zusammensein mit
gewöhnlichen Menschen wie
Lebenspartner oder Blutsfamilie
niemals berührt werden.

Die wahre Bedeutung von
Alleinsein wird einem wahrhaft
erwachsenen Menschen gelehrt.
Alleinsein lehrt die Innerlichkeit.
Wahr ist: Es kann sein, dass
dazu äußere Beziehungen
aufgegeben werden müssen.
Geistige Verklebungen, die
nur den einen Grund kennen,
nämlich das Alleinsein
zu vermeiden.

Wenn du in der
authentischen Erfahrung
des no-mind verweilst,
dann spielt es keine Rolle,
ob du mit Menschen
zusammen bist oder nicht.
Du bist gerne mit
Menschen zusammen.
Du bist gerne allein.
Die eine vollkommene
Beziehung, die
Beziehung zum SELBST,
ist immer anwesend.

Es gibt nur eine reale
Beziehung, die der inneren
Überprüfung in der Realität
wirklich standhält und die
keine Illusion ist: Das ist die
Beziehung zum SELBST.
Der innere Weg ist der Weg der
Beziehung zum SELBST.
In der Beziehung zum SELBST
ist Nähe zu Allem.

Du bist allein.
Nicht gemeinsam,
nicht in Beziehung,
sondern allein.
Allein und – auf
eine mysteriöse
Art und Weise –
vollkommen zusammen.
Allein und zusammen.
Das ist advaitisches
All-Eins-Sein.

Alleinsein mit der Seele
ist nie einsam.
An Einsamkeit leiden die,
die nicht den Mut haben,
sich den Tiefen der
eigenen Seele
zuzuwenden und sich
an der Oberfläche
aufhalten, dort wo nichts
wirklich nahe kommt.

29 April

All-Eins-Sein heißt
mit Gott zu sein.
Um diese Brücke zu finden vom
Alleinsein zum All-Eins-Sein,
gehen wir durch den Prozess
der Entleerung. Wir müssen die
Wüste durchqueren.
Wenn wir bewusst durch die
Wüste gehen, dann wandelt sich
die Einsamkeit in Alleinsein
und das Alleinsein in
All-Eins-Sein. Gott ist da,
wo das Bewusstsein ist.
Einsamkeit ist da, wo das
Bewusstsein nicht ist.

Zu Gott kann niemand
eine Beziehung haben,
weil Gott kein Objekt ist.
Eine Beziehung kann
ein Jemand nur mit
Objekten haben.
Mit Gott kann nur
ein Niemand sein.

mai

Die Komplexität der Einfachheit

Am Beginn des
inneren Weges steht
eine einfache Frage:
Was ist es, was du
wirklich willst?
Diese Frage muss
solange wiederholt und
vertieft werden, bis
der wahre Wille
freigelegt ist.

Der Erwachensweg des
Menschen hat zwei Aspekte:
Erstens die große Einfachheit,
die größtmögliche Einfachheit,
die sich jenseits der
Vorstellungswelten eines
denkenden Geistes auftut.
Aber wir müssen auch bereit
sein, die andere Seite in
Empfang zu nehmen,
und das ist die größtmögliche
Komplexität.

Einfachheit und Komplexität
gemeinsam beschreiben
die Weisheitslehre, welche
ein Abbild der Realität ist.
Denn genauso ist die Realität –
einfach und komplex zugleich.
Diese Dichotomie entspricht
der Einheit in der Vielheit,
wie sie nur vom no-mind
realisiert wird.

Dieses Ich scheitert an seinen
komplizierten Geschichten.
Es will verkomplizieren, was in
einfacher, direkter Erforschung
gesehen werden kann.

In seiner
Kompliziertheit
gewinnt das Ich
an Bedeutung.
In der Einfachheit
des Augenblicks
wird es
bedeutungslos.

Wir begegnen der Komplexität
des Weges auch in der
Bemühung, die geistigen
Verblendungen zu beseitigen.
Ist der Augenblick frei
vom Geist, wird er mühelos
von der Intelligenz
des Herzens vereinnahmt.

Nur wer jede
Mühe des Weges
auf sich nimmt,
erfährt vollendete
Mühelosigkeit.

Wir begegnen der Einfachheit
in der absoluten Mühelosigkeit,
wenn wir erkennen, dass
nichts verändert werden muss,
nachdem wir bereit gewesen
sind, alles zu verändern.

09 Mai

Zur Intelligenz
des SELBST
vorzudringen,
erfordert Mühe,
auch wenn es
am Ende nicht
die Mühe des Ichs,
sondern
die Mühe der
Heiligen Arbeit ist.

Die Kompliziertheit
Ich-hafter Gedanken
täuscht Komplexität
der Realität nur vor.

Die Kompliziertheit
des Ichs gibt sich
der Einfachheit hin,
während sich seine
Einfältigkeit der
Komplexität hingibt.

Leichtigkeit ist
nicht Einfachheit,
sie ist meist nur
die Ablehnung
der Schwierigkeit,
welche in der
notwendigen
Bemühung
durch innere
Arbeit auftritt.

Erkenne, wer du BIST.
Nichts einfacher als das!
Gib den Ich-Gedanken auf.
Nichts schwieriger als das!

Die Kraft der
Unterscheidung führt
in zunehmende
Differenzierung.
Sie beschreibt die
Komplexität
des inneren Weges
und der
inneren Lehren.

Alles ist Eins.
Bezogen auf die
körperliche Realität
bedeutet das:
Es existieren
Unterscheidungen –
dieser Körper,
jener Körper –,
aber Unterscheidungen
sind nicht Trennungen.
Selbst in der
Unterscheidung
sind sie Eins.

Vielfalt ist die
unendliche
Auffächerung der
Erscheinungsformen
des Einen SELBST.
Es hat unendlich
viele Formen,
die Schöpfungskraft
ist grenzenlos.

Wer erkennen kann, dass
menschliches Leiden endgültig
nicht durch Bemühung verbrennt,
sondern letztlich durch die
vollkommene Aufgabe einer
jeden Bemühung, der erkennt
die Einfachheit des SEINS.

Inneres Leiden verbrennt
ganz von selbst,
wenn es nicht berührt wird.
Das ist die Realisation
der Großen Einfachheit.

Was wäre, wenn ich
jetzt glücklich wäre,
einfach so?

In der Leere
des Augenblicks
spricht die
Einfachheit
des SEINS.

Der einfache Mensch ist sich SELBST näher, als der verbildete.

Müssen die
Einfachheit der
Wahrheit und die
Komplexität
der inneren Lehre
sich ausschließen?

Die Einfachheit
des SEINS und
die Komplexität
des Werdens –
gemeinsam
bilden sie die
Große Ordnung.

Transformation ist ein Akt
von großer Schwierigkeit und
von großer Einfachheit.
Er kann auch als höchst
gewöhnlich beschrieben werden.
Gewöhnlichkeit meint den
höchsten transpersonalen
Zustand, den ein Mensch in
diesem Leben erreichen kann.

Wir werden, was wir sind, und
wir sind, was wir werden.

Ein Koan des spirituellen Weges besteht darin, dass es der vollkommenen Mühe bedarf, um Mühelosigkeit zu realisieren.

Die Schwierigkeit
von Einfachheit ist
ein großer Koan
der Erwachenslehre.

Nichts ist einfacher,
als das zu sein, was ICH BIN.

Sein, Bewusstsein,
Glückseligkeit
in totaler Einfachheit –
das ist Darshan.

Der stille Geist,
er lebt die Einfachheit,
während seine Intelligenz
die Komplexität der
Weisheitslehre studiert.

Im stillen Geist
sind die
Einfachheit
des SEINS
und die
Komplexität
der Evolution
nicht zwei.

JUNI

Entleerung
des Geistes,
Erfüllung
der Seele

Dein innerer
Fastfoodimbiss hat
nur Nahrung für
den Süchtigen.
Seelennahrung gibt es
nicht an jeder Ecke.

Eine Absicht als
Initialmoment
muss es geben,
doch die Absicht
versinkt wieder
in der Leere
des Augenblicks.
Der Geist vergisst sie,
nicht aber
das Bewusstsein.

Identifikation bezeichnet einen Akt des Festhaltens von Energie (falsche Fülle), während durch Projektion Energie verloren geht (falsche Leere).

Was ein gewöhnlicher Mensch
als „mein Leben“ bezeichnet,
besteht zu einem Großteil
aus einer Ansammlung von
inneren Löchern und
dem Versuch, diese durch
Ersatzbefriedigungen zu füllen.
Das Leben, welches das
bemühte Ich führt, ist ein
kompensiertes Leben,
ein künstlich gefülltes Leben.
Wahres Leben lebt sich
aus sich selbst.

Es gibt eine vollkommen
leere Sicht der Dinge
und in dieser leeren Sicht
sind die Dinge alle
substanzlos gleich.
Du kannst diese Sicht
erlangen, indem du
auftauchst aus der
Verstrickung mit
bestimmten bevorzugten
Objekten, die in der
Realität keinesfalls
die Bedeutung haben,
die du glaubst.

In dem, was wir Seele nennen,
gibt es keine Einsamkeit.
In der Seele ruhend wird
erkannt, dass alles ist, was es ist
und dass alles wahrhaft Seiende
in sich selbst erfüllt ist.
Die Seele kennt keinen Mangel.

Der innere Weg
entleert den Geist.

Selbst in der inneren Leere,
in scheinbar gedankenfreien
Zuständen, kann sich der
denkende Geist verbergen.
Auch die höchsten
spirituellen Zustände sind
nicht frei von Imitationen.

Stell dir vor:
Die ganze Geschichte
der Evolution steht in
deinem Geist geschrieben.
Tausende von Jahren,
Millionen von Jahren.
Und in einem einzigen
Augenblick totaler
Entleerung allen Wissens
stehst du vor dem Nichts:
Ein weißes Blatt Papier,
auf dem die gesamte
geschriebene Geschichte
ausgelöscht wurde.

Das, was du „Leben“ nennst,
ist die kontinuierliche,
augenblickliche Neufüllung
und Wiederentleerung der
unendlichen Leere.

Die Liebe erfüllt dich,
während dich die Wahrheit
entleert.

Es gibt keine
Verwirklichung
der Liebe
ohne die
Durchdringung
der Leere.

Der Tod
steht nicht
im Gegensatz
zum Leben,
die Leere nicht
im Gegensatz
zur Fülle.

Wird die Scheinrealität des
Denkers endgültig realisiert,
geht die Welt unter.

Der Weg der Erfüllung
ist für den Anfänger.
Der Weg der Entleerung
ist für Fortgeschrittene.

Wer an wahrer Fülle
interessiert ist,
der braucht das
Verständnis von Verzicht.
Wer nicht bereit ist
für den Verzicht,
ist auch nicht bereit
für die wahre Fülle.

In den Tiefen
des Bewusstseins
entleert sich
jegliche Fülle
und Vielfalt.

Wahre Erfüllung des Menschen
folgt der Entleerung des Geistes.

Dein Mehr- und
Anders-Wollen,
es ist die Gier.
Sie will den Überfluss
und erschafft
den Mangel.

Die Erfüllung
deiner Begierden
treibt die innere
Verarmung
deines Daseins.

Es ist alles zu voll in dir.
Selbst der Unwissendste
der Unwissenden
ist noch ein angefüllter,
begrenzter Hohlraum.
Der Weise ist leer,
der Raum ist unendlich.

Nüchternheit ist
das Fundament
innerer Wissenschaft.
Nüchternheit ist das,
was bleibt, wenn du auf
Entzug bist – auf Entzug
von deiner süchtigen
Emotionalität.

All deine inneren Löcher
führen in die innere Leere.
Meditiere, weit und still.

Der leere Mensch
ist ein leerer Spiegel,
der immer nur
das widerspiegelt,
was in ihn
hineingeworfen wird.

Die Realisation
des SELBST ist leer,
vollkommen, ohne
jeden Geschmack;
in ihr löst sich
die Vereinigung
der Kräfte des
paradoxen Weges
auf in Leerheit.

SEIN und WERDEN sind eins.
Deshalb ist die höchste Lehre
der Vereinigungsweg von
Leere und Form.
Integraler Yoga.

Die höchste Lehre,
die paradoxe
Vereinigungslehre,
ist eine Lehre
dynamischer
Ausgeglichenheit
aller Gegensätze.
Yin und Yang,
Fülle und Leere,
Licht und Dunkel,
Diesseits und Jenseits,
Mensch und Gott:
Alles ist Eins
im Innen.

Der Ich-Gedanke versinkt
im Urgrund und du erkennst:
Die Welt ist leer.
Diese Leere ist die Entlastung
von Millionen von Jahren
von Evolution.
Du bist ohne Geschichte,
du bist ohne Vergangenheit,
du bist ohne Zukunft,
du bist ohne Gedanken.
In dieser Leere öffnet sich still
der Lotus des Herzens.

29 | Juni

Ein Mensch in
Gewahrsein des SELBST,
in Gewahrsein der Ewigkeit,
ein Mensch in Gewahrsein
des Allesdurchdringenden
erfährt weder Mangel, noch
Fülle, weder Leere noch Form,
sondern einfach DAS.

Leere.
Gefüllt vom SELBST.
Das ist die Große
Hochzeit des SEINS.

Juli

Männliche Seele, weibliche Seele

01 | Juli

Die weibliche Seele geriet mit der Verbreitung des Christentums in den ersten Jahrhunderten nach Christus zunehmend in einen Zustand der Gefangenschaft, und dieser Zustand hält bis heute an.

Das Ausmaß der Gefangenschaft der weiblichen Seele im christlichen Abendland ist für den gewöhnlichen Menschen nicht sichtbar, weil es die Normalität darstellt und weil es „schon immer so war".

Misstrauen
gegen die männliche Kraft
nährt die Angst.

Mit der Gefangenschaft
der weiblichen Seele
ist die fühlende Intelligenz
der Menschen in einen
Zustand der Verarmung
eingetreten.

Das empfindsame Ego fühlt sich „verletzt“, behauptet, es sei das Herz und gibt der Yang-Kraft die Schuld. Doch die Yang-Kraft verletzt nur die Eitelkeit.

Die Frau als Repräsentanz
der weiblichen Seele auf Erden
war im Laufe der christlichen
Geschichte bis in die Neuzeit
hinein lediglich als Jungfrau,
als virgo willkommen.

Mit der Unterdrückung der
weiblichen Seele verlierst du
nicht nur den Tiefenzugang
zum Urweiblichen in dir.
Auch das innere Tor zum
Urmännlichen wird dadurch
verschlossen. Ganz gleich,
auf welcher Seite dein Geist
in den inneren Tanz der Kräfte
von Yin und Yang eingreift,
er behindert immer beide.

Wahr ist, dass die
weibliche Seele
unterdrückt wird.
Unwahr ist, dass es die
männliche Seele tut.
Auf Erden existiert nur
ein einziger Unterdrücker
in vielfältigen Masken:
der denkende Geist.

Demut ist eine hohe Tugend
der weiblichen Seele.
Nur wer ohne Demut ist,
wird gedemütigt.

"Verletzung" ist kein Gefühl.
Es ist ein Konzept.
Dieses Konzept verbirgt die
Zartheit deiner Seele und
verhindert die Entfaltung
innerer Weiblichkeit.

Ein Mann, der
innerlich keine Frau ist,
kann nicht wirklich
Mann sein.
Eine Frau, die
innerlich kein Mann ist,
kann nicht wirklich
Frau sein.

Der Mann muss seine
weibliche Seele zu
sich selbst zurücknehmen.
Die Frau kann sie nicht
für ihn leben und
seine Ganzheit herstellen.
Und ebenso muss
die Frau ihren männlichen
Aspekt der Seele
zurücknehmen zu sich selbst,
wissend, dass auch
der Mann ihn nicht
für sie ersetzen kann.

Die innere Schnelligkeit
wird zu einer Vergewaltigung
deiner weiblichen Seele,
wenn sie getrennt ist von der
fühlenden Intelligenz.

Um wieder fühlen zu lernen,
muss deine innere Frequenz
deutlich langsamer werden.

Innere Verhärtung
ist nicht Festigkeit,
sie ist eine Folge der
Imitation von Festigkeit
durch dein Ich.
Die weibliche Seele
in dir reagiert darauf
mit Schmerz.

Erst durch die Kraft der
männlichen Seele kann
sich die weibliche Seele
frei entfalten.

Die Verweiblichung
nicht weniger
spirituell Suchender
geschieht in Unkenntnis
der Yang-Kraft.

Die Überempfindsamkeit
des Egos interessiert
die Yang-Kraft wenig.

Die Identität des Opfers beruht auf mangelndem Respekt gegenüber der Yang-Kraft.

Der Beginn
jeder Gewalt ist die
Unbewusstheit.

Solange Kraft und Gewalt
in dir verschmolzen sind,
verlierst du den Zugang zur Kraft
der männlichen Seele.

Für die Herrschaft
deines Geistes opferst du
die weibliche Seele.

Die männliche Seele
ruht in Wahrheit,
die weibliche Seele ist
gebettet in Liebe.

Weibliche Kraft ist auflösender
Natur, die ins Chaos führt.
Daraus erwächst eine höhere
Ordnung als die, die der
denkende Geist vorgibt.
Liebe ist unvorhersehbar.

Der Geist im Mann
ist nicht männlich,
der Geist in der Frau
ist nicht weiblich.

Wir brauchen das
innere Chaos, denn
es ist ein natürlicher
und unabdingbarer
Bestandteil des
inneren Gleichgewichts
männlicher und
weiblicher Urkräfte.
Es zerstört die
erstarrte Struktur
deines Denkens.

Das innere Fließen
ist das Brennen des Wassers,
und das innere Brennen
ist das Fließen des Feuers.

Wenn der Krieger
den Pfad des Herzens betritt,
dann bedeutet das,
dass er sich vorübergehend
der weiblichen Seele
vollständig unterwerfen muss.

Wenn sich die männliche
und die weibliche Seele
in einem Menschen vereinigen,
so ist dieser Mensch weder
männlich noch weiblich.

Die dunkelste
Dunkelheit der
weiblichen Seele ist
der Tod selbst.

In der bewussten
inneren Vereinigung der
männlichen und der
weiblichen Seele
verliert das Ich seine
geschlechtliche Identität.

august

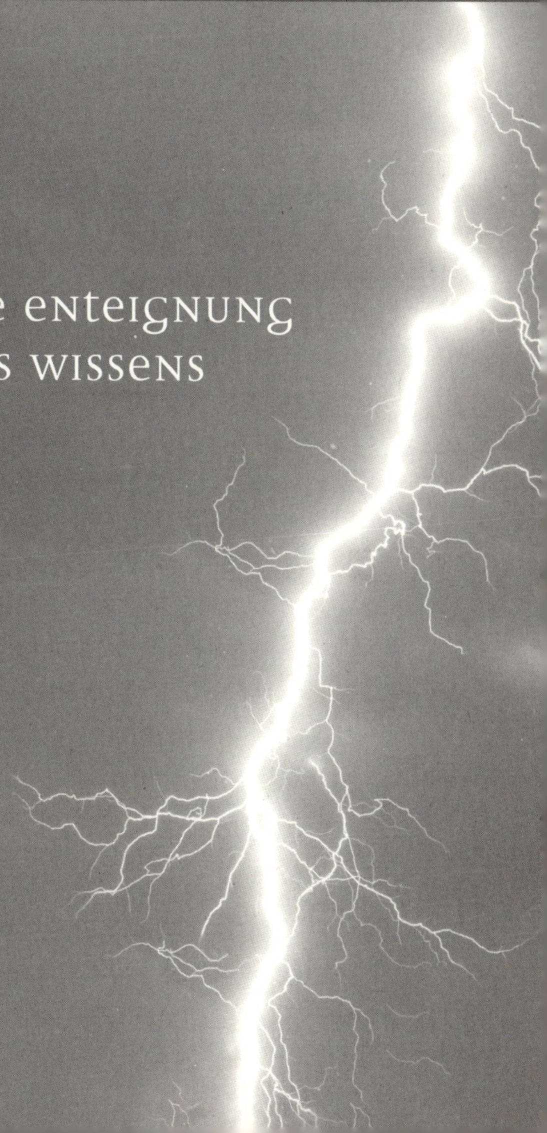

Die Enteignung des Wissens

Wer verstehen will,
scheitert.

Wahres Verstehen
folgt der durchlebten
Erfahrung.
Falsches Verstehen
versucht, der nicht
durchlebten Erfahrung
voranzuschreiten.

Die gottgegebene Aufgabe
eines jeden Menschen ist,
zu wissen, wer er ist.

Das Ich findet Wissen
durch Aneignung,
die Seele durch den
Verlust der Aneignung.

Arroganz folgt der
Aneignung falschen Wissens.
Die Leerheit des Wissens
ist ohne Arroganz.

Die Unterscheidung
zwischen Verstehen
und Erkennen ist
sehr wesentlich, denn
westliche Menschen
verstehen viel und
erkennen wenig.

Verstehen ist ein Vorgang
im Verstand, und
Erkennen ist ein Vorgang
im Herzen.

Willst du wahrhaft erkennen,
so sei bereit, mit jeder Zelle
deines Seins die Distanz zum
Herzen aufzugeben.

Je mehr die Menschen
empfangen können,
desto mehr kann
ein Meister geben.
Je mehr sie nehmen
können, desto tiefer
kann das innere Wissen
sie durchdringen.

Die persönliche Ansammlung
von spirituellem Wissen
verhindert den Zugang zu
spirituellem Wissen.
Spirituelles Wissen, das Wissen
darüber, wie die Dinge
wirklich sind, ist im Herzen
bereits vorhanden.
Folglich kann es nicht
erworben werden.
Vielmehr fließt es ein,
wenn die Tasse leer ist.

Angst zu haben
vor dem Unbekannten
ist völlig unmöglich.
Das Ich kann nur
Angst haben vor dem
Bekannten.

Weil du es zulässt, dass
sich der denkende Geist
zum Herrscher auf den
Thron aufschwingt, wirst
du zu seinem Sklaven.
Der perfekte Sklave
ist überzeugt, er handele
aus freiem Willen.

Wahres Verstehen geschieht,
wenn du nichts verstehst.

Durch Kontemplation
gesehenes Wissen ist
weder beeindruckt von
Anfeindungen durch
Zweifel des Geistes,
noch verlangt es nach
Bestätigung.

Nur der unschuldige
Augenblick will wissen,
was wirklich ist.

Geschehen zu lassen, ohne
den Versuch, zu verstehen,
führt zu wahrem Wissen.

17 August

Ohne die Hingabe an
die Liebe kann erworbenes
Wissen niemals in
Erkenntnis münden,
denn die Liebe stürzt jede
Form des Wissens
vom persönlichen Thron.

Dein Wille ist nicht
der hellste.
Nur dem Einen Willen
wohnt wahres
Wissen inne.
Deshalb ersuche
um seine Führung.

Der Unwissende ist kein
Jemand, der zu wenig weiß,
sondern vielmehr ein
Jemand, der zu viel weiß.

„Wie kann ich auf dem inneren
Weg Wissen erlangen?“, fragte
der Schüler seinen Meister.
„Niemand geht den inneren Weg.
Nur Gehen. Das ist Wissen.“,
entgegnete der Meister.

Wissen ist Macht,
SEINS-Macht oder Ich-Macht:
Die Reinheit deiner Absicht zählt.
Der nach Befreiung sucht,
verliert das Interesse
an persönlicher Macht.

Wissen durch Entleerung,
das ist die höhere
Oktave des Wissens.

Ich entleere alles,
was ich wusste,
ich entleere mein
gesamtes Leben,
ich entleere
die Vergangenheit,
die Geschichte.
Ich lasse zu, dass
„mein“ Leben
entleert wird
und empfange aus
diesem Nichtwissen
das wahre Wissen
über mich Selbst.

Ich will wissen,
was tiefer liegt als alles,
was meine Augen sehen,
mein Herz fühlen und
mein Geist denken kann.

Deutung folgt
nicht-wissender
innerer Beobachtung.
Das ist Innere
Wissenschaft.

Leiden ist
unvollständiges
Wissen über
die wahre Natur
deiner Selbst.
Wahres Wissen
befreit dich.

Die Befreiung der
Seele ist der Weg des
Nicht-Wissens, welches
das Wissen und
das Unwissen deines
Ichs transzendiert.

Wahre Intelligenz
versteht nichts.
Das Herz weiß nichts.
Allein bin ich in Gott.
So bin ich immer frei.

Die Gewissheit,
zu wissen,
dass ICH BIN,
ist das einzige,
was ich brauche.

Die Philosophie des Seins und
die Philosophie des Werdens
vereinigen sich und bilden in dir
das eine, große, innere Wissen
um die Natur Gottes.

Dies ist der innere Weg:
Vom unwissenden Unwissenden
Zum wissenden Unwissenden
Zum wissenden Wissenden
Zum wissenden Nichtwissenden.

september

von der zweiheit in die einheit

Der innere Weg
zeigt dir die Welt
von innen.
Um sie von innen
sehen zu können,
trennst du alle
Beziehungsfäden,
die dein Ich mit der
äußeren Welt
gesponnen hat.

Wo Zweiheit ist,
da lebt die Angst.
In Einheit
überlebt sie nicht.

Im Augenblick des inneren
Sündenfalls entsteht Angst.
Der Sündenfall ist der Fall
in die Dualität, und
in dem Augenblick, in dem
aus Eins Zwei werden,
wird das Eine Angst vor dem
Zweiten haben – solange,
bis das Zweite, das Andere,
wieder zu Ich wird.

Es ist eine falsche Annahme
des denkenden Ichs,
dass es eine Ursache gibt.
Jede Ursache, die von diesem
Geist gefunden werden kann,
hat wiederum eine Ursache.

Die Opferidentität ist
tief eingeprägt in dir,
sodass die Täterschaft
deines Leidens viele
blinde Flecken aufweist.
Die Wahrheit ist:
Nur durch dein Tun ist
deine Welt so, wie sie ist.

Durch fehlgeleitetes
Begehren des Geistes
verliert sich der Mensch
in der Sinneswelt.

Liebe ist der Kern eines
jeden Gefühls, selbst von
Hass und Verzweiflung.
Nur deine Landung in
anderen Schichten
vereitelt diese Erkenntnis.

Identifikation ist
unbewusste Einswerdung
deines Ichs mit einem
Objekt deiner Wahrnehmung.
Bewusste Einswerdung
mit Allem ist nur aus der
bewussten Entzweiung
heraus möglich.
So wandelt sich Alleinsein
in All-Eins-Sein.

Dualität ist
kein natürlicher
Seinszustand.
Jegliche Dualität,
jegliche Zweiheit,
jegliche Form der
Trennung ist in
deinem Geiste
entstanden und
wird in dir selbst
kultiviert und
aufrechterhalten.

Du kämpfst
gegen Dinge,
du kämpfst
gegen Feinde,
die du gar nicht
wirklich kennst.
Wirklich kennen
tust du nur das,
womit du eins
geworden bist.

Warum lebst du an der
Oberfläche des Scheins?
Ein Ich, welches glaubt,
im Nichtsein Sicherheit vor
dem Tod zu finden, will
den Teufel mit dem
Beelzebub austreiben.

Vermeide nichts, nicht
einmal den Tod – und
das Einheitsbewusstsein
wird zu deiner andauernden
Erfahrung.

Anstatt mit den
Augen des Geistes
Fragmente zu betrachten,
schaue das Ganze.
All diese Teile sind
in Wirklichkeit EINS.

Nur eine leichte Bremsung
des Impulses deiner Seele – und
die Hölle tut sich auf.

Ein Leben in Einheit verlangt nach einhundert Prozent in allem, was du tust, oder nicht tust.

Erst wenn du bewusst
durch all deine Begrenzungen
hindurchgegangen bist,
hast du die Möglichkeit zur
bewussten Einkehr in das
Unbegrenzte.

Das Eingeständnis
deiner Begrenztheit
weitet auf rätselhafte Weise
dein Bewusstsein.

Beherrscht wirst du von dem,
was du ausgeblendet hast.
Was du siehst, wird heimgeholt
und nimmt wieder ein – seinen
natürlichen Platz in der Großen
Ordnung der Seele.

Das Paradies ist die
christliche Metapher
für die Einheit
des Bewusstseins,
erfahren und erkannt
durch den Menschen.

Der bewusste Tod ist
der Eintritt in ein
unvergängliches, ewiges
Bewusstsein, welches
keinen Anfang
und kein Ende kennt.

Du glaubst, das Leben
und der Tod seien nicht
miteinander vereinbar?
Ich aber sage, du musst nur
aufhören zu wissen,
was Tod ist und aufhören
zu wissen, was Leben ist.
Dann beginnt der wirkliche
Tanz, währenddessen
das Leben stirbt und der Tod
zum Leben erweckt wird.

Das Sein an der inneren Quelle verwirklicht göttliche Intelligenz.

Ich bin dem Selbst nahe,
wenn ich nicht denke.

Die Entfaltung in das Höchste,
das Sehen des Selbst,
Selbsterkenntnis, all das
geschieht von selbst.
Was nicht von selbst geschieht,
ist das Aus-dem-Weg-Räumen
von Hindernissen.
Du hast sie dahingestellt,
also bist du auch dafür
verantwortlich, sie aus dem
Weg zu räumen.

Radikalität ist jene
Geisteshaltung des
Befreiungsweges, welche
durch nichts abgelenkt,
geschweige denn
aufgehalten werden kann.

Da du nicht objektiv bist,
siehst du auch keine Objekte.
Die Objekte, die du siehst,
sind Reflexionen deines
Pseudosubjekts mit Namen Ich.

Es gibt wahrlich niemanden, der eine ernstzunehmende Alternative hätte zu Dem-Was-Ist.

Der Ich-Gedanke ist die
Quelle jeglicher Spaltung in
menschlicher Erfahrung.
Stirbt der Ich-Gedanke,
bleibt nurmehr die Einheit.

Die reife Seele
versagt sich der Welt,
um der Einheit mit
Gott zu gewahren.

Die höchste Lehre des Advaita
ist eine Vermählung zwischen
Advaita* und Dvaita**.
Die Einheit des Jenseitigen
und die Vielheit des Diesseitigen
verzichten auf die künstliche
Trennung und hinterlassen
nurmehr DAS. Weder Einheit,
noch Zweiheit.

* a / dvaita (Sanskrit): wörtl. ‚nicht zwei', Nicht-Dualität; im stillen Geist erfahrbares SEIN in Gott – vom denkenden Geist nicht erfassbar, da dieser aus der Subjekt-Objekt-Spaltung nicht heraustreten kann.

** dvaita (Sanskrit): wörtl. ‚zwei', Zweiheit, Dualität; die durch Aufspaltung (das Wesensmerkmal des denkenden Geistes) aus Gegensatzpaaren entstehende phänomenale Welt; nur durch Transzendenz auflösbar.

oktober

vom ich zum selbst

„Am Anfang war das Wort,
und das Wort war bei Gott."
Doch dann folgten viele weitere
Worte, und die waren nicht mehr
bei Gott, sondern beim Ich.

Ich brauche keinen Wert,
denn Das-Was-Ist besitzt einen
innewohnenden Wert.
Ein wertendes Ich ist ein
selbsternannter Wertverleiher
ohne die geringste Bedeutung
für das, was den Wert bereits
in sich trägt.

Wie geschieht es in mir,
dass eine innere Instanz sich für
das Absolute hält und dem
wahrgenommenen Gedanken
absolute Realität verleiht?

Tod durch
Eigenwillen.

Die allermeisten
deiner Probleme
sind narzisstische
Inszenierungen
deines Ichs.

Es interessiert das Sein nicht,
ob du es haben willst oder nicht.

07 Oktober

Aus der Sicht deines Ichs
ist das Aufgeben
deiner Einzigartigkeit
ein großer Verlust.
Aus der Sicht deiner Selbst
ist es ein großer Gewinn.

Die Selbstdarstellung des spirituellen Menschen ist ein Projekt der Eitelkeit, welche den inneren Weg begleitet.

Wenn dein Ich seine
persönliche Macht
freiwillig abgibt,
dann kehrt sie als
Seinsmacht zurück.

Alles dient!
Es fragt sich nur:
Wem?

Alles ist immer und
ausschließlich eine
Angelegenheit zwischen
dir und dem SELBST.

Wie wird in dir
der Brunnen vergiftet?
Die Reinheit der
inneren Quelle zu
bewahren, ist eine
der großen Aufgaben
deines Weges.

Mut beschreibt
eine Tugend, die durch
Angst gesetzte Grenzen
überschreitet,
während sie natürliche
Grenzen respektiert.
Eben das unterscheidet
sie von Über-Mut.

Feigheit irrt, wenn sie glaubt,
sich durch Nicht-Handlung
der Schuld zu entziehen.
Der innere Mensch gewahrt
der nicht-berechnenden
Handlung des Augenblicks,
die stets ohne Schuld ist.

Ein Ich, das auf
Schutz aus ist, nimmt einen
isolierten Standpunkt ein
und fließt nicht mit dem Leben.
Glücklich ist, wer eins ist
mit dem großen Strom des
‚Stirb und Werde'.

Das Ich argumentiert stets für seine eigene Unentbehrlichkeit.

Der kindliche Geist schont sich vor der Realität des Todes.

Das Ich
wird immer wieder
Opfer seiner selbst.
Ein stiller Geist
beendet dieses Spiel.

Die Verankerung
deiner Selbst braucht
nicht mehr und nicht
weniger als deine
dauerhafte Innenkehr.

Das Vergessen ist
der Schlaf des Leidens.
Deshalb leiden
die Menschen daran,
dass sie nicht leiden.
Bewusstes Leiden
ist der Anfang vom Ende
menschlichen Leidens.

Gnade tritt in Wirkung,
wenn der Eigenwille nachlässt.

Um das SELBST zu lieben,
muss man fähig sein,
sich dem SELBST zuzuwenden.
Wir können uns dem
SELBST nur zuwenden,
wenn wir uns von fixierten
Objekten abwenden.

Auf dem Befreiungsweg
braucht es einen
inneren Schritt von
der Haben-Kultur in
die Seins-Kultur.

Höre auf damit,
dich über das
Menschsein zu erhöhen.
Das Über-Ich
verkauft es dir noch als
„spirituellen Weg“.

Dein Herz braucht
keinen Schutz.

Unpersönliche Handlung
persönlich zu nehmen,
erzeugt Schuld.
Lass den persönlichen
Macher ebenso wie den
persönlichen Unterlasser
zurücktreten und erlaube
dem Unpersönlichen,
durch dich zu wirken.

Ein selbstverkrampfter Geist
ist kein guter Forscher.
Selbsterforschung braucht
den Tonus der Wachsamkeit
und die Gelassenheit
entspannten Daseins.

Selbsterforschung ist
nur möglich ohne einen
einzigen Gedanken
des Nachdenkens oder
Vorstellens.

Wenn dein Ich
die Wahrheit
über sich selbst
herausfindet, so
ist das sein Tod.

Ich bin mir meiner Selbst
gewahr, und indem ich mir
des Selbst gewahr bin,
bin ich – in der Welt,
aber nicht von der Welt.

Wenn Geist als Geist
erkannt wird, dann
gibt es nichts mehr,
was dem folgt.

NOVEMBER

DAS MENSCHSEIN IN GOTT

Wie klein musst du dich fühlen,
wenn du dein Bewusstsein
auf diesen Körper beschränkst.
Warum lebst du in
einem so kleinen Haus?

Die Realität ist die,
dass du ein Mensch bist.
Und von dort aus
beginnt Selbsterforschung,
die wirklich die Kraft hat,
Illusion von Realität
zu unterscheiden.

Alle Süchte des Menschen
sind Formen einer einzigen:
seiner Leidenssucht.

Die einzige Freiheit des Menschen ist die Freiheit, nicht der wahren Natur entsprechend zu leben – eine andere Freiheit hat er nicht.

Ein Mensch, der ohne
Selbstbeherrschung lebt,
wird niemals dem
Rad von Geburt und
Tod entrinnen.

Der Erwachensweg trägt
in sich ein großes
Versprechen für dich,
und ich würde sagen,
er hält dieses Versprechen.
Ob du es hältst,
ist eine andere Frage.

In diesem Sein gibt
es niemanden, der
Scham darüber empfinden
müsste, dass ist, was ist.
Mit dem Sündenfall
entstanden Scham und
Schuld, denn der
Sündenfall ist der Fall in
das Nicht-Sein.

Wenn du dich
hilflos fühlst, verweile
in der Hilflosigkeit
und tue nichts.
Versuche nicht,
sie aufzulösen und
versuche nicht,
irgendeine mentale
Lösung zu finden.
Hilfe kommt
vom Sein.

Sei ohnmächtig, liefere dich aus,
daraus erwacht die Kraft.

Menschen, denen es zu gut geht, haben es nicht nötig, den Dingen auf den Grund zu gehen, um zu erfahren, was Illusion und was Realität ist.

11 November

Kaum ein Mensch
wacht einfach auf.
Die allermeisten wachen
erst dann auf, wenn
sie mit dem Rücken
zur Wand stehen.

Die Schönheit deiner Selbst
sieht die Schönheit
der gesamten Existenz.

Demut ist nicht mit
äußeren Augen ersichtlich.
Es ist eine innerlich
gebeugte Haltung bei
gleichzeitiger Aufrichtigkeit.
Das Aufrechtsein spiegelt
die Erhöhung des Menschseins
und die Beugung in Demut
spiegelt die Erniedrigung
unter Gott.

Die körperlichen Augen
kennen nur das Diesseits,
nicht aber das Jenseits.

„Der Himmel auf Erden“
ist das Jenseits im Diesseits.
Auf Erden erwacht, kommt
der Mensch in den Himmel.

Das mystische Herz
ist das innerste Auge
des Menschen.

Es ist alles nicht deine Entscheidung.

Wenn du
dich schenkst,
dann schenkst
du ALLES.
Unvollendetes
Menschsein
ebenso, wie
makelloses Herz.

Gott nähert sich nicht an und
Gott wendet sich nicht ab.
Alles was du über Gott denkst,
ist nichts anderes als eine
Projektion deines eigenen
Geistes über sich selbst.

Meditation ist
der natürliche Fall
des Bewusstseins
in sich selbst.

Du hast dich
selbst vergessen,
nur um dich
deiner zu erinnern.

Wenn sich das Tor zur Welt
verschließt, öffnen
sich die inneren Augen.

Der innere Asket,
der das Alleinsein aufsucht,
das Alleinsein mit Gott,
ist in diesem Alleinsein in
sich selbst erfüllt, weil es
nichts Erfüllenderes gibt als
das All-Eins-Sein.

Der Mensch ist tatsächlich
eine „Krone der Schöpfung“,
weil dieser Mensch in der Lage
ist, mittels des Bewusstseins
über das Vergängliche und
Menschliche hinaus zu treten.
Setzt sich jedoch das Ich
die Krone auf, wird er zur
„Dornenkrone der Schöpfung“.

Es vollzieht sich Gottes Werk. Teilzuhaben an diesem Werk, letztlich eins zu werden mit diesem Werk, das vollzieht sich durch die Innere Arbeit deiner selbst.

November 26

Gott ist kein Objekt,
das von einem Menschen
gesehen werden kann.

Wir benötigen die
körperliche Inkarnation,
um bewusst aufzusteigen
in den Himmel.
Somit ist sie nicht abzulehnen,
sie ist vielmehr eine
Notwendigkeit,
sie ist das Fundament
des Aufstiegswegs.
Abzulehnen ist, dass du
nicht bereit bist, über
die körperliche Inkarnation
hinauszugehen.

Es gibt keine Auferstehung
ohne Kreuzigung,
kein Erwachen zum Selbst
ohne den Augenblick
bewussten Leidens.

Jeder Mensch hat
in Wahrheit nur einen
Augenblick zu leben.
Alles was darüber
hinausgeht ist die
Illusion seines
denkenden Geistes.

Es gibt einen
natürlichen,
wesenhaften Zustand
des Menschen.
Dieser Zustand ist
frei, ewig, still und
unpersönlich.

DEZEMBER

BEWUSSTE LIEBE, EINE WAHRHEIT

Tatsächlich bezeichnen die inneren Lehren die Wahrheit wie auch die Liebe als göttliche Ideen, also Ideen von Gott. Sie haben mit den Menschen nichts zu tun, sie wären auch da, wenn es die Menschen nicht gäbe, aber nur der Mensch ist in der Lage, sie zu realisieren.

Indem du die Empfindsamkeit
tötest, tötest du die Liebe.

Die Erfahrungen,
die du machst,
sind Ausdruck
deiner inneren
Zuwendung.

Die unpersönliche Liebe
ist keine andere Liebe als die
persönliche Liebe.
Einzig mangelt es ihr an
egoistischer Inbesitznahme.

Bereit sein für die
Freundlichkeit
der Liebe und die
Unfreundlichkeit
der Wahrheit.

Wenn du die Wahrheit
über dich selbst
wirklich wissen willst,
dann schau dir zuerst
deine Selbstlügen an.

Die Sehnsucht
nach Liebe bleibt
der Liebe fern.

In Wahrheit ist
alles ganz anders.
Das heißt, in Wahrheit
bist du auch nicht der,
der du glaubst zu sein.
Niemand ist der,
für den er sich hält.

Während wir
auf der Suche sind
nach dem Segen,
werden wir gesegnet.
Während wir
auf der Suche sind
nach der Liebe,
werden wir geliebt.
Während wir
auf der Suche sind
nach der Wahrheit,
ist Wahrheit.
Während wir
auf der Suche sind
nach uns Selbst,
sind wir wir Selbst.

Treue zum Selbst,
Treue zur Liebe,
Treue zur Wahrheit,
Treue zum Innersten,
komme was wolle.

Das Potenzial deiner
Erkenntniskraft
steht dir erst in
einem Zustand der
Schutzlosigkeit
zur Verfügung.

Liebe ohne Wahrheit
ist wertlos.
Wahrheit ohne Liebe
ist falsches Wissen.

Verklärte Liebende erkennen
die Wahrheit nicht.

Die Dummheit der Menschen
hält das Nicht-Sein für eine
Alternative zu Dem-Was-Ist.
Die Wahrheit ist:
Es gibt zu diesem Augenblick
keine Alternative.
Das Sein ist alternativlos.

Nutze
den Geschmack,
welcher
diesem Moment
innewohnt.

Alles, wonach du suchst,
ist angelegt in
diesem Augenblick.

Wahrheit weist zurück,
Liebe empfängt.

Es interessiert
Das-Was-Ist
nicht, ob du es
akzeptierst
oder nicht, ob du
daran glaubst
oder nicht.
Das-Was-Ist
ist.

Die persönliche Liebe
zur Mutter, zum Vater
öffnet sich in die Liebe
zur Heiligen Mutter,
zum Heiligen Vater.
Die Liebe zur
Heiligen Mutter,
zum Heiligen Vater
öffnet sich
in die LIEBE selbst.
So öffnet sich die Liebe
vom Persönlichen
ins Unpersönliche,
vom Begrenzten
ins Unbegrenzte,
aus der Welt in die
Unendlichkeit.

Bewusste Liebe,
nicht blinde Liebe.

Erkenntnis ist ein Geschehen
in deinem Bewusstsein, in
dem Wahrheit von Unwahrheit
unterschieden wird.

Wir werden, was wir sind.
Das ist das große Paradoxon, der
große Koan der Erwachenslehre.

Das bedingungslose
Erkennen der Einen Wahrheit
verlangt nach bedingungsloser
Leidenschaft für die Wahrheit.
Wahrheit befreit.
Wahrheit ist frei. Immer.

Vertrauen mündet in
die Liebe, und weil die Liebe
mit dem Herzen sieht,
kann sie den Guru sehen.

Liebe holt den
Guru nach innen
und offenbart so
die innere Einheit.

Das, was in Wahrheit
ist, muss sich nicht
verheimlichen und
wird auch keinen
Antrieb dafür haben.
Die Wahrheit
verbirgt sich nicht
vor der Unwahrheit,
aber die Unwahrheit
wird versuchen,
sich vor der Wahrheit
zu verbergen.

Frag nicht deinen Geist,
frag die Liebe, ob es reicht –
und dann schau.

Die Liebe erfüllt dich,
während dich
die Wahrheit entleert.

Die wahre Liebe
ist der Tod.

Die tiefste Erkenntnis
ist, dass nichts
jemals geschehen ist
und nichts
jemals geschehen wird.
Es ist alles nur
eine Einbildung.
Das ist die Wahrheit.

31 Dezember

autor

OM C. PARKIN – Weisheitslehrer, Mystiker und innerer Wissenschaftler

Als spiritueller Meister der stillen Tradition versteht es OM, die westlichen und östlichen Ströme der Weisheitslehre zu vereinen. Die Radikalität seines Wirkens, mit der er lehrt und dem Erwachensweg des Menschen dient, ist in der heutigen Zeit eine seltene Kostbarkeit. Die Begegnung mit OM stellt zutiefst in Frage, was du nicht bist und lässt dich in das fallen, was du schon immer warst.

OM gibt seine Erkenntnis des Absoluten in Form von Gesprächen über das Sein (Darshan) und von Innerer Arbeit, sowie als Autor und in Vorträgen weiter. Er ist Initiator der OM-Stiftung Innere Wissenschaft und des Verlages für Weisheitsliteratur advaitaMedia, Gründer und Leiter der Mysterienschule Enneallionce – *Schule für Innere Arbeit* und des modernen Klosters Gut Saunstorf – Ort der Stille.

Das mehrjährige Studium der akademischen Psychologie vermittelte ihm keine wirklichen Einsichten in die Natur des Menschen. Fruchtbarer hingegen war für ihn das Zusammensein mit seinem Sufilehrer. Später nahm er in mündlicher Tradierung die Lehren des Enneagramms auf. Infolge eines schweren Autounfalls im Jahre 1990 überschritt er 27-jährig die Schwelle des Todes und erwachte Ich-los in die Realität des non-

dualen Absoluten. Seine spirituelle Lehrerin Gangaji, der er kurz darauf begegnete, unterstützte ihn darin, seine fundamentale Wandlung, die die alltägliche Erfahrungswelt völlig sprengte, zu integrieren. Sie wies ihm den Weg zu ihrem *advaita*-Lehrer H. W. L. Poonja, einem direkten Schüler von Ramana Maharshi, der ihm den spirituellen Namen OM gab und ihn inspirierte, aus dem Sehen der advaitischen Realität heraus zu lehren.

So gründet OM C. Parkins spirituelle Lehre der stillen Tradition, von ihm auch als Innere Wissenschaft bezeichnet, einerseits auf der östlichen *advaita*-Tradition (Lehre der Nicht-Dualität, bekanntester Vertreter im Westen ist Ramana Maharshi), wie auch auf den Lehren des integralen Yoga des indischen Weisen Aurobindo Ghose und fußt andererseits auf westlichen Erfahrungswegen (z.B. Christliche Mystik, Georges I. Gurdjieff: Der Vierte Weg). In der Vermittlung nutzt er zudem moderne psychologisch-psychotherapeutische Methoden. Ziel ist Selbsterkenntnis durch Innere Arbeit, die letztlich in die Erkenntnis der wahren Natur des Menschen mündet.

OM C. Parkin sagt selbst: *„Im innersten Herzen der Religionen des Ostens (advaita, zen u.a.) finden wir die reifsten Früchte der Philosophie des SEINS. Das Mysterium* *der Auflösung der Welt. Die spirituelle Kultur des Westens hat das Wissen über die Evolution des Bewusstseins hervorgebracht – die Philosophie des Werdens. Die höchste Lehre ist die Vereinigungslehre, welche die Pfade der Liebe und der Wahrheit vereint (kleine Hochzeit) und das SEIN mit dem Werden (Große Hochzeit). So vereinigt sich in höchster Erkenntnis das, was niemals getrennt war.“*

www.om-c-parkin.de

Siehe auch:
www.innere-schule.de
www.om-stiftung.org
www.kloster-saunstorf.de